Animales gigantescos

por Lisa Trumbauer

Contenido

Animales gigantescos de la tierra. . . . 2

Animales gigantescos del océano. . . . 8

Reptiles gigantescos 12

Comparando animales gigantescos . 14

Glosario. 15

Índice 16

Consultant: Robyn Barbiers, D.V.M.,
Vice President, Lincoln Park Zoo

Animales gigantescos de la tierra

En nuestro planeta existen muchos animales diferentes. Algunos animales son muy pequeños y otros son muy grandes. Vamos a aprender lo grande que realmente son algunos animales gigantescos. Primero, piensa en tu altura. ¡Ahora, mira lo alto que es este oso!

Los osos grizzly son de color café y los osos polares son blancos. Los osos grizzly viven casi siempre en los bosques. Los osos polares viven casi siempre en el **Ártico**, que es frío y está lleno de nieve. Ambos osos miden alrededor de 9 **pies** (2.74 metros) de altura.

13 pies
3.96 m

Los osos no son los animales más altos en el mundo. Los elefantes pueden ser más altos. Elefantes pueden crecer hasta casi 13 pies (3.96 metros) de altura. Este elefante vive en África.

Las jirafas también viven en África. Tienen cuellos muy largos y pueden alcanzar hasta lo más alto de los árboles para comerse las hojas. Una jirafa puede llegar a medir 16 pies (4.88 metros) de altura. ¿Cuál es más alto un elefante o una jirafa?

16 pies
4.88 m

16 pies. (4.88 m)

Los rinocerontes y los hipopótamos viven en África, también. Los rinocerontes tienen cuernos. Ellos pasan casi todo su tiempo en la tierra. Un rinoceronte pesa alrededor de 5,000 libras (2,268 kilogramos). ¡Esto es aproximadamente lo que pesan los estudiantes de tres clases de segundo grado!

Un hipopótamo adulto pesa alrededor de 7,000 libras (3, 175 kilogramos). Los hipopótamos pasan casi todo su tiempo en el agua. ¿Cuál pesa más—el rinoceronte o el hipopótamo? ¿Cuál es más largo?

13 pies. (3.96 m)

Animales gigantescos del océano

12 pies. (3.66 m)

Los osos, elefantes, jirafas, hipopótamos y rinocerontes son **mamíferos**. Todos necesitan respirar aire. Algunos mamíferos viven en el océano. Las morsas son mamíferos gigantescos del océano. Tienen **colmillos** como los elefantes.

Como las morsas, las focas elefante viven en el agua fría del océano. Tienen una capa gruesa de **grasa** debajo de su piel. Esta grasa las mantiene calientes. ¿Cuál es más largo – la morsa o la foca elefante?

20 pies. (6.10 m)

80 pies. (24.38 m)

Otro mamífero grande del océano es la
ballena azul. Al igual que las morsas y las
focas, la ballena azul necesita respirar aire.
Este animal gigantesco come camarones
muy pequeños.

El tiburón ballena es el pez más grande del océano. Al igual que la ballena azul, el tiburón ballena come animales muy pequeños que viven en el océano. ¿Cuál es más largo – la ballena azul or el tiburón ballena?

45 pies. (13.72 m)

Reptiles gigantescos

30 pies. (9.14 m)

Todas las serpientes son **reptiles**. Viven primordialmente en lugares cálidos, como América del Sur. Las anacondas nadan en ríos y esperan que su **presa** pase nadando. Las anacondas son unas de las serpientes más grandes del mundo.

El Dragón de Komodo es uno de los lagartos más grandes del mundo. Puede correr rápidamente y comer animales grandes, como los ciervos y los cerdos. ¿Cuál es más largo – la anaconda o el Dragón de Komodo?

10 pies. (3.05 m)

Comparando animales gigantescos

oso: 9 pies (2.74 m)

Dragón de Komodo: 10 pies (3.05 m)

morsas: 12 pies (3.66 m)

elefante y hipopótamo: 13 pies (3.96

jirafa y rinoceronte: 16 pies (4.88 m)

foca elefante: 20 pies (6.10 m)

anaconda: 30 pies (9.14 m)

tiburón ballena: 45 pies (13.72 m)

ballena azul: 80 pies (24.38 m)

| 0 ft. | 10 ft. | 20 ft. | 30 ft. | 40 ft. | 50 ft. | 60 ft. | 70 ft. | 80 ft. |

Compara estos animales gigantescos. Mira las barras en la **gráfica**. ¿Cuál es la barra más larga? Entonces, ¿Qué animal gigantesco es el animal más grande del mundo?

Glosario

Ártico   el área alrededor del polo norte

colmillo   un diente largo y puntiagudo que sale de la boca de ciertos mamíferos

gráfica   una tabla o un diagrama que ayuda a comparar dos o más cosas diferentes

grasa   la parte debajo de la piel de mamíferos que los mantiene calientes

mamíferos   animales vertebrados de sangre caliente; respiran el aire, tienen pelo, y producen leche para alimentar a sus crías

pie   una unidad de medida; 1 pie = 12 pulgadas

presa   animales que se cazan para comer

reptiles   animales vertebrados de sangre fría; respiran el aire, están cubiertos de escamas, y ponen huevos

Índice

África,	4–6	mamífero,	8, 10
anaconda,	12-14	morsa,	8–10, 14
ballena azul,	10, 11, 14	oso,	4, 8, 14
cerdos,	13	osos grizzly,	2, 3
ciervos,	13	osos polares,	3
Dragón de Komodo,	13, 14	pez,	11
elefante,	4, 5, 8, 14	reptiles,	12
foca elefante,	9, 10, 14	rinoceronte,	6 - 8, 14
gráfica,	14	serpientes,	12
hipopótamo,	6-8, 14	tiburón ballena,	11, 14
jirafa	5, 8, 14		
lagartos,	13		